ANALISI DEL LIBRO

AF137412

I tre moschettieri

• • • • • • • • • • • • • • • • • • •

ALEXANDRE DUMAS

ANALISI DEL LIBRO

Scritto da Lucile Lhoste
Tradotto da Sara Rossi

I tre moschettieri

ALEXANDRE DUMAS

ALEXANDRE DUMAS

SCRITTORE FRANCESE

- **Luogo e data di nascita: Villers-Cottêrets, 1802**
- **Luogo e data di morte : Puys, 1870**
- **Opere principali:**
  - *Paolina* (1838), romanzo
  - *I tre moschettieri* (1844), romanzo
  - *Il conte di Montecristo* (1844-1845), romanzo

Alexandre Dumas (1802-1870), spesso indicato come *père* (*padre*) per distinguerlo dal figlio, fu uno scrittore francese, vicino al Romanticismo. Figlio di un generale di origine afro-caraibica, iniziò a lavorare fin da giovane prima di dedicarsi alla scrittura. Trovò subito il successo con i suoi vaudevilles e drammi storici. In seguito, scrisse un numero impressionante di opere, tra cui *"Enrico III e le sue corti"* (1829) e *"Kean"* (1836), ma furono le sue serie di saghe storiche a portarlo ai posteri, in particolare, la trilogia de *"I tre moschettieri"* del 1844 e *"Il conte di Montecristo"* dello stesso anno.

I TRE MOSCHETTIERI

LA STORIA DELLA VITA DI UN MOSCHETTIERE DIVENTATO FAMOSO

- **Genere:** romanzo

- **Edizione di riferimento:** Dumas, A. (1853) *I tre moschettieri*. Trans. Robson, W. London, George Routledge and Co.

- **Prima edizione:** 1844

- **Temi:** prigione, fuga, vendetta, ingiustizia

"I tre moschettieri" è l'opera più famosa di Alexandre Dumas. Pubblicato su un quotidiano nel 1844 sotto forma di romanzo a puntate, è la prima parte di una trilogia creata dallo scrittore. Nel primo volume, seguiamo l'evoluzione di D'Artagnan, un cadetto della Guascogna che arriva a Parigi e si unisce ai moschettieri del re.

Il romanzo ebbe un successo strepitoso: le vendite del giornale aumentarono durante la pubblicazione dell'opera e la storia fu poi pubblicata in un unico volume.

ANALISI

CAPITOLI 1-10

D'Artagnan, il giovane guascone, arriva a Parigi nel 1625. Fa la sua prima apparizione in un mondo nuovo. Ha un alterco con Rochefort, che rivedrà in seguito, e affronta la sua prima umiliazione in presenza di Milady. In seguito, il provinciale viene accolto da Monsieur de Tréville, il capitano dei moschettieri, che accetta che D'Artagnan si unisca a loro, senza potergli conferire un titolo prima della campagna con loro.

Il primo incontro con i moschettieri non promette nulla di buono: D'Artagnan riesce a mettersi contro Athos, Porthos e Aramis in pochi minuti. Un primo scontro con gli uomini del cardinale ha luogo in seguito a un conflitto secolare che infuria tra le guardie del re e quelle di Monsieur le Cardinal (Richelieu fu prelato e statista francese, 1585-1642). D'Artagnan comincia a capire che le trame sono comuni. Venendo a sapere che una delle dame di compagnia della regina Anna d'Austria (1601-1666) è stata rapita da Rochefort, si fissa sulla sua ricerca e la salva da una trappola per topi.

CAPITOLI 11-19

D'Artagnan scopre Madame Bonacieux con il duca di Buckingham: lei lo conduce a casa della regina. Il giovane scopre che segreti d'amore e di politica legano tutti coloro che ha incontrato da quando è arrivato a Parigi. Rochefort dice al cardinale che la regina ha regalato al duca di Buckingham i gioielli di diamanti che il re le aveva donato. Il cardinale trama, quindi, affinché Luigi XIII (re di Francia, 1601-1643) organizzi un ballo e chieda alla regina di indossare i gioielli.

CAPITOLI 20-24

I moschettieri e D'Artagnan partono per Londra per recuperare i gioielli che la regina ha dato a Buckingham. Quest'ultimo, all'arrivo di D'Artagnan (i moschettieri sono rimasti in Francia), può solo certificare la perdita di due dei dodici gioielli. Il duca capisce che questa sfortuna è dovuta a Milady, che si era avvicinata a lui durante un ballo precedente ed era riuscita a rubarglieli. Buckingham ricrea i gioielli mancanti e organizza il ritorno di D'Artagnan in Francia. Il ballo inizia e la regina non ha i gioielli. Il re la manda a cercarli. Il cardinale offre allora al re i due gioielli che Milady gli aveva inviato per smascherare l'infedeltà della regina. La regina riappare indossando 12 gioielli. Madame Bonacieux organizza per iscritto un incontro con D'Artagnan, che non sa che lei spera di intrappolarlo. Egli attende invano e finisce per partire alla ricerca dei suoi tre amici.

CAPITOLI 25-32

Pochi giorni dopo, i quattro amici si riuniscono a Parigi. Hanno 15 giorni per prepararsi a partire per una campagna per Sua Maestà. D'Artagnan si rende conto che Milady non è estranea all'incontro presumibilmente organizzato da Madame Bonacieux prima della sua partenza e, quindi, è a conoscenza del suo secondo rapimento. Dopo un duello contro Lord de Winter, D'Artagnan corteggia la sorella di Milady e le fa visita ogni giorno.

CAPITOLI 33-40

Quando D'Artagnan scopre che l'emissaria del cardinale, Milady, non prova nulla per lui, ma anzi lo detesta, si ripromette di vendicarsi. Fingendo di essere l'uomo che Milady ama, il guascone si intrufola nella sua camera da letto e la raggiunge nell'oscurità. In seguito, confessa a Milady la sua menzogna e scopre il suo segreto: è marchiata con un fiordaliso, un simbolo che indica che è una criminale. D'Artagnan riceve l'offerta di unirsi alla guardia del cardinale, ma rifiuta.

CAPITOLI 41-46

I moschettieri vincono La Rochelle come assedio che oppone la Francia, dal cardinale Richelieu, agli inglesi e, soprattutto, a Buckingham. D'Artagnan viene quasi ucciso da un uomo inviato da Milady, ma lo sconfigge e si unisce ai suoi compagni. I moschettieri si recano all'Auberge del Columbier Rouge per mettersi al sicuro. Dalla loro stanza, i moschettieri sentono, grazie al tubo di una stufa, la conversazione del cardinale con Milady, nella camera da letto sopra la loro. Durante questo colloquio, Richelieu ordina al suo emissario di assassinare Buckingham, mentre lei chiede di liberarsi di Madame Bonacieux e del suo amante D'Artagnan in cambio. In seguito a queste rivelazioni, i moschettieri agiscono rapidamente. Aramis e Porthos partono con Richelieu mentre Athos, avendo riconosciuto che Milady è la sua ex moglie, la minaccia di rivelare tutto ciò che sa su di lei se non restituirà il documento firmato in bianco che il cardinale le aveva consegnato. Milady acconsente e il giorno seguente lascia la Francia per l'Inghilterra nella speranza di uccidere il duca.

CAPITOLI 47-58

I moschettieri sentono il bisogno di incontrarsi senza che il cardinale sospetti nulla. Scelgono, quindi, di difendere un baluardo per seguire il loro consiglio. Si decide di scrivere al fratello di Milady per svelare i piani della sorella e di scrivere a Madame de Chevreuse, corteggiata da Aramis, affinché chieda alla sua amica, la regina, dove trovare Madame Bonacieux.

Arrivata in Inghilterra, Milady viene imprigionata da Lord de Winter, avvertito dai moschettieri. Questa situazione non dura perché la donna seduce astutamente la guardia e fugge con il suo aiuto.

Una risposta alla lettera scritta a Madame de Chevreuse informa D'Artagnan che Madame de Bonacieux si trova in un convento a Bethune.

CAPITOLO 59

Il soldato, affascinato da Milady e commosso dalle storie che lei gli ha raccontato, pensa di vendicarla andando a uccidere Buckingham. Lord de Winter arriva troppo tardi per salvare il duca, ma in tempo per arrestare l'assassino.

CAPITOLI 60-62

È ora che i moschettieri raggiungano Madame Bonacieux il più rapidamente possibile. Contemporaneamente, anche Milady parte per il convento di Bethune. Quando vi arriva, riesce a entrare nella casa delle Carmelitane e a ottenere sottilmente informazioni dalla badessa.

Quest'ultima la presenta a Madame Bonacieux. Milady fa conversazione fino al momento in cui riconosce la donna e insegue la sua menzogna al punto che la cameriera di biancheria della regina pensa che sia con un'alleata. Milady viene a sapere che i moschettieri stanno per arrivare per prendere Madame Bonacieux.

CAPITOLI 63-64

Milady, dopo aver avvelenato il bicchiere di Madame Bonacieux, fugge. Quando D'Artagnan arriva, è in fin di vita, ma trova la forza di parlargli della sua compagna, la contessa de Winter. Arriva anche Lord de Winter, portando a tre il numero di persone che vogliono sconfiggere Milady: Athos, Lord de Winter e D'Artagnan. Tutti decidono di punirla e partono, accompagnati da un uomo misterioso portato da Athos.

CAPITOLI 65-67

La piccola truppa, guidata dai servitori, raggiunge una casa isolata dove Milady si nasconde. Tutti concordano sulla necessità di processarla. Ognuno la accusa dei suoi crimini e chiede la pena di morte. L'uomo misterioso, che si rivela essere il boia che le aveva segnato la spalla, la conduce via per ucciderla.

EPILOGO

Al ritorno del re a Parigi, D'Artagnan acquisisce il grado di moschettiere, mentre ognuno continua la propria vita.

STUDIO DEI PERSONAGGI

D'ARTAGNAN

L'eroe del romanzo d'appendice è ispirato a un personaggio storico, Charles de Batz-Castelmore, Comte D'Artagnan (1610-1673). Alexandre Dumas lesse un'opera a lui dedicata prima di scrivere "*I tre moschettieri*".

Il giovane guascone arriva a Parigi e il suo carattere viene descritto nelle prime pagine del romanzo, rispetto al personaggio di Don Chisciotte e in modo molto stereotipato.

👁 BUONO A SAPERSI: DON CHISCIOTTE

Don Chisciotte è il noto eroe dell'omonimo romanzo di Cervantes (scrittore spagnolo, 1547-1616). Per la prima volta nella letteratura (1605), il protagonista di un romanzo non rispettava le caratteristiche che ci si aspettava da lui. Non aveva la statura di un eroe e tiene molti lettori sulle spine, ancora oggi. Don Chisciotte è un antieroe: è ingenuo e idealista. Ha letto troppe storie di cavalleria e pensa di poter salvare il mondo in groppa al suo vecchio cavallo, accompagnato dal fedele compagno Sancio Panza, attaccando in particolare i mulini a vento che scambia per giganti.

Nel corso della storia, D'Artagnan accompagna i suoi moschettieri, come guardia in addestramento del re. Durante l'esecuzione di Milady, decide di vendicare Madame

Bonacieux, che amava. Il suo addestramento come moschettiere giunge, quindi, al termine.

Egli rappresenta lo stato moderno della Francia, iniziato con l'assedio di La Rochelle e una nuova generazione di uomini.

ATHOS

Incarna i valori della vecchia aristocrazia e ha, quindi, un atteggiamento datato. Per aumentare la grandezza di questo personaggio, Dumas lo associa a importanti antenati.

Athos è il moschettiere più presente nella storia di Dumas perché rappresenta per D'Artagnan un modello, una figura paterna. Tuttavia, come tutti gli altri moschettieri, non ha solo buone qualità. La sua passione per il gioco d'azzardo e per l'alcol mostra la visione che Dumas ha della società che lo circonda: i grandi valori della nobiltà si stanno gradualmente perdendo.

ARAMIS

Aramis, che è il moschettiere più distante da D'Artagnan, non viene descritto molto, il che lo rende un personaggio più discreto e difficile da capire. Il lettore scopre che Aramis ha un interesse particolare per la religione e per Madame de Chevreuse. Nella corrispondenza che Aramis condivide con quest'ultima, le rivela informazioni importanti per affrontare il nemico.

PORTHOS

Viene presentato come un personaggio relativamente semplice: è il meno intelligente dei moschettieri e mantiene, in un certo senso, uno spirito infantile. Nel romanzo, è sempre pronto a dare una mano, sembra essere apprezzato dalla maggioranza ed è facile da accontentare.

Porthos è alla ricerca di riconoscimento e prestigio. Dumas dipinge, attraverso questo personaggio, il ritratto della borghesia assetata di potere.

MILADY

Personaggio femminile più importante del romanzo, Milady appare nel primo capitolo e ricompare alla fine della storia, che si conclude con la sua esecuzione da parte dei moschettieri. Sebbene il suo aspetto fisico sia descritto all'inizio del libro, Milady rimane comunque misteriosa. Il lettore scopre i suoi segreti nel corso del romanzo.

Da un punto di vista psicoanalitico, incarna la figura di una madre incestuosa mentre entra in relazione con l'uomo che per lei è come un figlio, D'Artagnan.

Tradizionalmente considerata il cattivo, Milady è un personaggio che deve essere esaminato più a fondo: da un lato, D'Artagnan la violenta, dall'altro, viene assassinata, senza altro giudizio che quello delle sue vittime. Questi elementi portano il lettore ad avere di lei una visione diversa dal semplice personaggio "cattivo".

CONSTANCE BONACIEUX

Quest'altra figura materna è un personaggio di fantasia, creato interamente da Dumas. Cameriera di Anna d'Austria, è anche la moglie di Monsieur Bonacieux, padrone di casa del giovane D'Artagnan. Viene rapita e salvata dal futuro moschettiere che si innamora di lei.

Personifica la buona madre perché, essendo stata uccisa (dopo essere stata avvelenata da Milady) prima di iniziare una relazione con D'Artagnan (il suo figlio simbolico), evita una relazione incestuosa che cambierebbe questa immagine gentile.

ANALISI

IL ROMANZO D'APPENDICE

Con *"I tre moschettieri"*, Dumas si cimentò nel genere seriale, che si basa sul principio che il lettore scoprirà cosa accadrà "nel numero successivo". *"I tre moschettieri"* fu pubblicato su *Le Siècle* (un quotidiano francese) da marzo a luglio 1844.

Tra il 1830 e il 1840, i romanzi a puntate ebbero un successo strepitoso grazie allo sviluppo della stampa e dei principali quotidiani. Poiché venivano pagati per riga, gli autori scelsero questo metodo di pubblicazione per il profitto che ne poteva derivare.

La pubblicazione in questa forma comporta alcune regole che possiamo ritrovare nel romanzo di Dumas:

- L'autore deve produrre ogni giorno un elemento di finzione che sia autonomo e in continuità con gli episodi precedenti e futuri.

- L'autore, pagato a riga, aggiunge righe e compone opere lunghe: lo stile che ne risulta è l'opposto di quello semplice.

- L'autore, scrivendo con urgenza di giorno in giorno, ricorre regolarmente a cliché, stereotipi e fantasie comuni che evitano lunghi sviluppi. Per lo stesso motivo, l'autore preferisce frasi semplici che evitano l'indagine sintattica.

- La lunghezza della pubblicazione costringe l'autore a scrivere richiami a ciò che è accaduto in precedenza. Il romanzo consiste, quindi, in una serie di ripetizioni.

UN'OPERA ALL'INCROCIO
DI MOLTI GENERI

"I tre moschettieri" è un romanzo a puntate, un genere insolito che Dumas è riuscito a sfruttare al meglio giocando con le aspettative dei lettori. Da un lato, introduce la suspense e crea l'aspettativa per la pubblicazione successiva e, dall'altro, gioca con le norme dei generi letterari:

* La struttura del racconto a episodi quotidiani ricorda il romanzo picaresco, che narra le avventure di un giovane di bassa estrazione sociale, ma questo tipo di opera, costituita da una successione di viaggi e di storie, racconta le avventure senza collegarle tra loro. Non è questo il caso de *"I tre moschettieri"*, che presenta una serie di eventi che si susseguono uno dopo l'altro.

* Allo stesso modo, Dumas ci permette di pensare che il suo testo possa essere paragonato a un romanzo storico, mentre *"I tre moschettieri"* è un racconto che si prende delle libertà con la storia. L'autore si è ispirato a personaggi storici, ma ha fatto vivere loro le avventure che non hanno mai vissuto. Di alcuni, come Porthos, mantiene solo il nome, dando loro un nuovo aspetto e una diversa personalità. Le prime righe del racconto cercano di dare un'immagine credibile agli eventi successivi. L'autore offre una cornice che dà l'impressione di accuratezza storica: un tempo, un luogo e riferimenti alla realtà, ma, molto rapidamente, Dumas abbandona la grande storia per concentrarsi sulle affascinanti avventure dei moschettieri.

* Nel corso della storia, il lettore viene anche a conoscenza delle avventure romantiche dei moschettieri. Per quanto

riguarda D'Artagnan, ha motivo di aspettarsi una storia romantica con la gentile Constance Bonacieux. Tuttavia, il lettore rimane presto deluso perché questa relazione non si concretizza mai e il giovane guascone arriva a violentare Milady. Aumentando questo tipo di sviluppi imprevisti, Dumas vanifica il romanzo romantico.

- Infine, è il romanzo popolare che sembra essere il genere più legato a *"I tre moschettieri"*, ma, anche in questo caso, Dumas assicura che la sua opera non corrisponde a tutte le caratteristiche di questo genere. Una delle caratteristiche del romanzo popolare tradizionale è quella di presentare lunghi dialoghi intervallati da informazioni. Dumas preferisce scene più dinamiche.

DISPOSITIVI NARRATIVI UTILIZZATI NEI ROMANZI D'APPENDICE

Poiché le puntate di narrativa vengono pubblicate quotidianamente, Dumas deve far sì che il lettore abbia voglia di seguire la storia e di comprare il giornale il giorno successivo. Per questo motivo, la facilità del lettore è una delle motivazioni dell'autore. Ciò è visibile attraverso diverse scelte:

- Il ritmo della storia è vario e ciclico. Dumas alterna momenti di azione (detti "climax") a momenti di quiete (detti "latenze"): questi momenti di calma preparano l'azione, che si svolge, per poi essere seguita subito da un'altra tregua. Ad esempio, l'episodio in cui i moschettieri conquistano un bastione costituisce una pausa che prepara agli episodi successivi, in particolare la morte di Buckingham. A questo momento di azione segue un altro momento di calma, relativo al viaggio verso il convento dove si trova Madame Bonacieux. Questa fase dà al lettore il tempo di assorbire l'evento e di prepararsi all'azione successiva, la morte di Madame Bonacieux. Questo processo si ripete per tutto il romanzo e mira a ritmare il lettore.

- Contemporaneamente a questo movimento, la narrazione è dominata dall'azione, a scapito della descrizione. Una scena consiste in un'equivalenza tra la durata dell'azione e il tempo della narrazione. Il dialogo è il miglior esempio di azione: il tempo necessario allo svolgimento del dialogo corrisponde al tempo necessario per raccontarlo nel libro. L'efficacia è il motivo della scelta di Dumas: questo principio gli permette di tenere il lettore sulle spine e di guidarlo. Può infatti presentare prima l'azione e poi ricordarla al lettore attraverso il dialogo, ad esempio. L'episodio viene così rievocato, attraverso una diversa forma di narrazione. Vale la pena notare che ciò si verifica, soprattutto nelle scene d'azione, mentre le descrizioni coincidono maggiormente con i momenti di quiete.

SUCCESSO E CRITICA DELL'OPERA

Molti considerano "*I tre moschettieri*" una storia divertente che potrebbe essere letta anche da un bambino. Alcuni commenti precedenti, tuttavia, hanno mostrato la complessità dell'opera. Dumas seguiva le norme per meglio stravolgerle, il che testimonia la sua ingegnosità.

L'idea di intrattenimento che attribuiamo alla lettura di questa storia è benefica per il romanzo, ma è anche altrettanto dannosa:

- da un lato, l'opera è stata tramandata ai posteri e tutti conoscono questi quattro amici, in conflitto con Milady e le guardie del cardinale di Richelieu;

- dall'altro, pochi critici sembrano interessati al testo. Nonostante la sua ricchezza, *"I tre moschettieri"* non gode purtroppo degli stessi riconoscimenti di un'opera di Balzac (scrittore francese, 1799-1850).

Nel 1844, questo romanzo d'appendice sembrò essere ben accolto. La sua pubblicazione in volume ne dimostra il successo, poiché solo questo tipo di romanzi avevano un'influenza sulle vendite ottenevano una seconda vita in forma di libro. Il destino di un romanzo dipendeva dal suo successo: se i lettori seguivano le avventure pubblicate, la storia continuava, mentre se la storia non aveva il sostegno dei lettori, veniva interrotta per lasciare spazio a un'altra.

Questa realtà comportò l'impiego di determinate strategie da parte degli autori. Abbiamo detto che Dumas ricorreva soprattutto agli stereotipi. Questo gli permetteva di fare rapidamente appello all'immaginazione del lettore, che si identificava con il personaggio. Sentendosi vicino a loro, il lettore voleva conoscere il seguito delle loro avventure e continuava a comprare il giornale in cui era pubblicato il testo.

ULTERIORI RIFLESSIONI

ALCUNE DOMANDE SU CUI RIFLETTERE...

- Dumas ricorre spesso a luoghi comuni ne *"I tre moschettieri"*. Fate degli esempi.

- Abbiamo motivo di pensare che attraverso questo romanzo, che si svolge nel XVIII secolo, l'autore dipinga in realtà un ritratto della società del diciannovesimo secolo?

- Fin dalle prime righe del racconto, D'Artagnan viene paragonato a Don Chisciotte. Qual è il ruolo di questo paragone?

- Da dove nasce l'opposizione tra la buona reputazione dell'opera presso il pubblico e il disprezzo della critica?

- Cosa può spiegare il grande successo dei romanzi d'appendice nel 1840? Pensate che questo genere di pubblicazioni avrebbe ancora successo oggi?

- Molti personaggi del romanzo possono, in teoria, essere collocati dalla parte degli eroi e altri dalla parte dei cattivi, ma queste caratteristiche sono così distinte?

- Dominique Fernandez, autore di un saggio su Dumas, disse di lui: "Per me Dumas è pari a Balzac e a Hugo [scrittore francese, 1802-1885], e volevo farlo sapere". Qual è la vostra opinione dopo aver letto le avventure dei moschettieri?

- Riuscite a trovare delle analogie tra un romanzo d'appendice come *"I tre moschettieri"* e le serie televisive di oggi?

ULTERIORI LETTURE

EDIZIONE DI RIFERIMENTO

Dumas, A. (1853) *I tre moschettieri*. Trans. Robson, W. London: George Routledge and Co.

STUDI DI RIFERIMENTO

Audet, R. e altri (2002) Dossier Alexandre Dumas. *Le Magazine littéraire*. Numero 412, pp. 22-65.

Frigerio, V. et al (2010) Le Dossier: Alexandre Dumas. *Le Magazine littéraire*. Numero 494, pp. 50-83.

Biet, C., Brighelli, J.-P. e Rispail, J.-L. (1986) *Alexandre Dumas ou les Aventures d'un romancier*. Parigi: Gallimard.

Wagner, F. (2002) Leggere *i Trois Mousquetaires* aujourd'hui. *Romantisme*. 115(1), pp. 53-63.

DumasPere.com (2016) *Alexandre Dumas. Due secoli di letteratura vivente*. [Online]. [Accessed 31 October 2010]. Disponibile da: <http://www.dumaspere.com>

ADATTAMENTI

"I tre moschettieri" è diventato leggendario. Gli adattamenti non si basano più l'uno sull'altro e adattano liberamente l'opera di Dumas. Mentre alcuni episodi e personaggi rimangono essenziali, altri vengono dimenticati. Tra i tanti adattamenti, possiamo trovare:

I tre moschettieri. (1994) [Film]. Stephen Herek. Dir. Austria/ Regno Unito: Walt Disney Pictures.

I tre moschettieri. (2011) [film]. Paul W.S. Anderson. Dir. Germania: Constantin Film Produktion.

Vogliamo sapere da voi!
Lasciate un commento sulla vostra biblioteca online
e condividete i vostri libri preferiti sui social media!

www.50minutes.com

Master ISBN: 9782808690720
ISBN cartaceo: 9782808612128
Deposito legale: D/2023/12603/1492

Copertura: © Primento

Concezione digitale a cura di Primento, il partner digitale degli editori.